PIROGUES DE LA RIVIÈRE NOIRE.

LE NORD DU TONKIN

FRÉDÉRIC GARCIN.

Entre le Meï-Kong, frontière naturelle de notre empire indo-chinois, et les plaines du Tonkin et de l'Annam, s'étend, de la limite méridionale du Yunnan et du Laos birman jusqu'aux confins nord du Cambodge, sur une longueur de 1,100 kilomètres à vol d'oiseau, un pays vierge d'une fertilité incomparable, qui possède des mines d'or et d'argent, dont le rendement semble devoir être considérable dès qu'elles seront livrées à l'exploitation. Ce pays, où les Français viennent de pénétrer à peine, est occupé par des peuplades jusqu'ici considérées comme sauvages, mais ayant, suivant les voyageurs qui les ont visitées, des mœurs simples et douces. Les Siamois les appellent *Ka* ou *Kha*, les Annamites de Cochinchine leur donnent le nom de *Moïs*; les Tonkinois, en parlant d'eux, disent: Ce sont des Muongs. D'où tirent-ils leur origine? Question très controversée et d'autant plus difficile à résoudre que les données fournies à cet égard par les explorateurs sont contradictoires. Les uns les tiennent pour des autochthones; d'autres, pour une branche des aborigènes, premiers ancêtres des Annamites; d'autres enfin, pour des métis provenant de croisements entre les populations du Laos et celles de l'Annam. Il y en a même qui y voient des descendants de tribus océaniennes, jadis établies dans la Péninsule, et depuis refoulées dans les hautes vallées. Ce qui est certain, c'est qu'ils ont, avant notre domination, joui d'une indépendance complète. Les Annamites, qu'ils haïssent encore profondément et auxquels ils se sont peu mêlés, en gardant la pureté de leur type, ne parvinrent jamais à les réduire à une soumission absolue. D'époque en époque, ils se révoltèrent contre ces maîtres, et les massacres qui étouffèrent ces rébellions ne firent qu'ensemencer le terrain de l'insurrection.

Leur histoire, que l'on ne connaît qu'imparfaitement par les traditions, témoigne de cet esprit d'autonomie. Au commencement du monde, disent leurs légendes, la terre était inhabitée. Il n'y avait que des plantes, des arbres. Un jour, l'un de ceux-ci, qui poussait sur la montagne, fut déraciné par une tempête. Il se brisa en tombant, et, de son tronc ouvert, sortirent deux oiseaux qui s'envolèrent à tire-d'aile pour aller faire leur nid dans une caverne. La femelle pondit un œuf cassé, et de cet œuf naquit le premier homme, Lang-hui-Caù. Il fut le père de beaucoup de fils et de filles qui se divisèrent en deux peuplades : les Hoà-Dhaû, qui habitèrent les plaines et se montrèrent habiles dans tous les arts; les Thi-Dhaû, qui se fixèrent sur les montagnes à l'est, où ils vécurent simplement. Ces Thi-Dhaû sont les premiers pères des Muongs. Avaient-ils comme les Annamites, leurs voisins, ou comme les Chinois, des mandarins? On ne saurait le dire, mais des récits transmis de génération en génération par leurs chefs, on peut conclure que leur organisation politique primitive était toute féodale : dès la plus haute antiquité, le pouvoir fut héréditaire dans la famille de ceux qui étaient à la tête des tribus et qui reçurent successivement les titres de Quan-Lang, de Phu-dao, de Man-ri-phu-dao, de Tu-truông-quan, de Pho-truông-quan. La première révolte en masse date de la quatorzième année du règne de Minh-Mang : un chef muong, Nong-Van, qui commandait dans la province de Tuyen-Quang, organisa un soulèvement contre la cour de Hué. Il fut vaincu, et Minh-Mang, le grand niveleur, livra le pays des Muongs au despotisme des mandarins, en leur donnant l'ordre de combattre et de détruire toutes les institutions qui portaient ombrage à sa suprématie. Il subdivisa le territoire en circonscriptions de peu d'étendue analogues à nos cantons et à nos communes, en ne laissant aux descendants des Quan-Lang que des grades et dignités infimes, tels que les titres de *taï tong* (chef de canton) ou de *ly-trùong* (maire de village). Cette oppression ne désarma point les aspirations indépendantes des Muongs. Beaucoup résistèrent aux tyrans et trouvèrent la mort dans cette lutte. Les autres ne se soumirent en apparence que lorsque les mandarins, revenant aux usages antérieurs, rétablirent les dignités de *chaù-uy* et de *huyên-uy*, conférées aux chefs, afin d'obtenir leur aide dans la répression du soulèvement des Mieù et des Mân.

Peu s'en fallut, au milieu de ces événements, que la province de Cao-Bang ne rompît tous les liens avec l'Annam pour s'ériger en royaume indépendant. Ce mouvement eut lieu sous le règne de Lê Quang Hing. Il était dirigé par les membres de la famille Mac-Mae Kinh Cung, Mae Khin Khoan, Mae Khin Vù, qui s'emparèrent du Cao-Bang, s'en proclamèrent rois et régnèrent environ soixante-dix ans, jusqu'à l'avènement de Lê Vinh Tri. Celui-ci réunit tous ses mandarins, et marcha avec eux et leur armée contre les fils et les neveux des Mae qui furent vaincus et se réfugièrent en Chine. Mais le feu continua néanmoins à couver sous la cendre. Au commencement de ce siècle, deux frères Lê, dont les familles habitaient le Thanh-Hoa ou le Nghé-an, s'insurgèrent contre la dynastie des Nguyen. Se jetant dans les montagnes, ils appelèrent à eux tous les

Muongs. La révolte se propagea rapidement. Toutes les peuplades jusqu'à Cao-Bang y prirent part. Lê Van Cau se mit à leur tête. Minh-Mang ne triompha des rebelles qu'au prix des plus grands efforts. Les deux Lê périrent les armes à la main ; ceux qui leur survécurent furent dispersés dans les villages du sud entre Hué et la Cochinchine.

A ces détails historiques recueillis par MM. Gouin et Moulié (*Le Tonkin-Muong*, *Bulletin de la Société de géographie de Paris*, 1886), on peut ajouter ceux d'un autre voyageur, M. de Montaignac (*Lettre sur l'organisation des Muongs*, compte rendu de la Société de géographie de Paris, 1886). Depuis Minh-Mang, les peuplades muongs situées sur la lisière du Tonkin avaient été gouvernées, comme on l'a vu plus haut, par les mandarins annamites, et les chefs indigènes n'avaient conservé que des fonctions

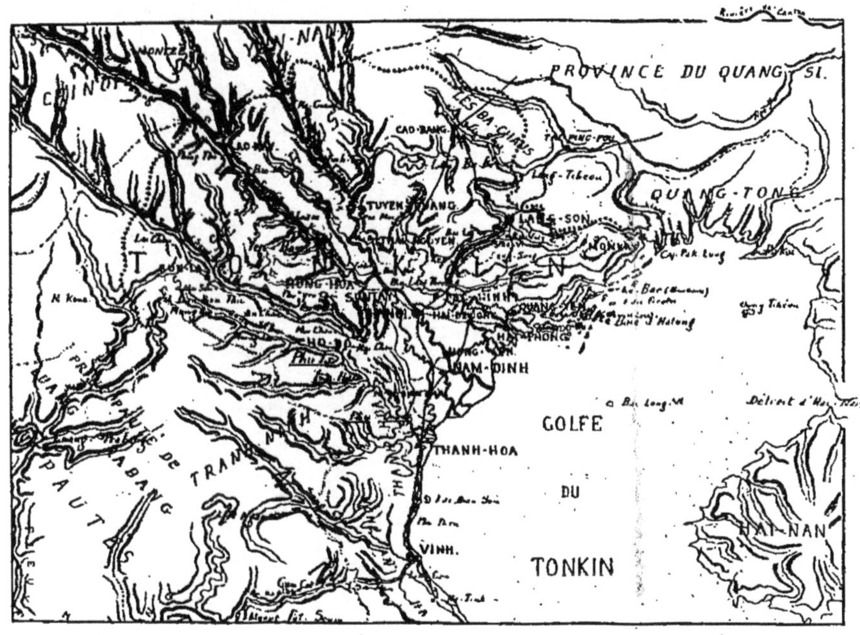

LE TONKIN.

tout à fait subalternes (celles de *caï tong* et de *pho tong*, autorités cantonales). Mais les tribus restaient secrètement fidèles aux anciennes familles féodales en subissant avec impatience le joug de leurs vainqueurs. Les mandarins, de leur côté, pleins de répugnance pour le séjour de ces contrées montagneuses, se désintéressaient presque complètement de leur administration, et les Muongs, mal gouvernés, étaient à la merci des pillards chinois qui infestaient toute la contrée comprise entre le Delta du fleuve Rouge et les affluents du Mé-Kong. Cet état de choses n'avait fait que s'aggraver lorsque les Pavillons noirs furent dispersés après Son-Tay, Hang-Hoa et les autres combats du haut Fleuve. Aussi, bien souvent, les Muongs avaient-ils imploré le secours de la France. En 1886, M. Gouin, résident de la province de Nam-Dinh, et M. Moulié, chancelier de la même province, représentèrent au gouvernement de la colonie que si l'on délivrait ces peuplades de la tutelle annamite, si on les armait solidement en leur donnant de bons commandants, elles ne tarderaient pas à recouvrer toutes leurs qualités, et constitueraient d'excellents gardes-frontière. Ces vœux furent pris en considération, et, dès la fin de 1886, on créa au Tonkin une province de Muongs comprenant le territoire de ces tribus.

Notre zone d'action s'agrandit ainsi d'une manière rapide, et les résultats acquis permirent tout d'abord de repeupler les villages qui, avant d'être placés sous notre protection, offraient un si navrant aspect.

C'est à cette œuvre de civilisation que contribua le lieutenant Garcin, dont on lira plus loin les pages si intéressantes et si pleines de faits (1).

HOMME ET FEMMES MANS.

Un des premiers, il fut à la peine et à l'honneur dans le pays des Muongs; et il surmonta des difficultés d'autant plus grandes que l'on était obligé d'opérer contre un ennemi souvent insaisissable dans des montagnes presque toujours inconnues. Son expédition ne se borna pas au territoire compris entre le Thanh-Hoa, Phu-Quang et La-Hang. Celle qu'il fit ensuite dans le massif montagneux entre le Fleuve Rouge et la Rivière Noire, et surtout au pays inexploré des Seize chans, fut vraiment dramatique. Elle fera l'objet d'un prochain récit.

Charles Simond.

(1) *Au Tonkin. Un an chez les Muongs*, souvenirs d'un officier, par Frédéric Garcin, ancien lieutenant d'infanterie de marine. (Paris, Plon, Nourrit et Cie.)

VILLAGE MAN.

LE PAYS DES MUONGS

I

En 1888, je revoyais le Tonkin, que trente mois auparavant j'avais quitté. C'est dans le Thanh-Hoa que je fus envoyé cette fois, et, à la fin de juin, je rejoignais Phu-Quang, où ma compagnie tenait garnison. Le Thang-Hoa, berceau de la famille impériale, patrie d'une quantité innombrable de mandarins, est formé par la vallée inférieure du Song-Ma. Le fleuve, venu des montagnes du Laos, coule longtemps vers le sud-est, dans une vallée profonde, rectiligne, parallèle à celle de la haute rivière Noire et du haut fleuve Rouge. Il conserve cette orientation générale, au milieu des sinuosités de son cours inférieur, entre en plaine à cinquante kilomètres de la côte, puis se divise en trois bras, pour gagner la mer. C'est alors un delta en miniature, et le canal de Ninh-Binh, franchissant la faible ligne de partage, fait communiquer les eaux du fleuve Rouge et celles du Song-Ma.

Sur la rive gauche, un peu au-dessus du point où la vallée du Song-Ma commence à être resserrée entre deux collines, est situé Phu-Quang. Il se compose d'une citadelle en ruine et d'un gros village, dont les cases bordent la berge que rongent les eaux du fleuve. Au milieu de cette citadelle carrée et bastionnée, mais dont les fossés à moitié comblés, dont les escarpes croulantes étaient envahis par les broussailles, habitait la garnison. Un ancien magasin à riz, occupé par le détachement d'infanterie de marine, une petite pagode restaurée tant bien que mal et où je logeais avec mon capitaine, étaient tout ce qui restait des anciens bâtiments annamites. Des cases en bambous et en torchis servaient de logement au chef de bataillon, commandant le cercle, et à sa compagnie de tirailleurs.

La vie à Phu-Quang s'annonçait peu gaie; on ne pouvait compter sur une expédition quelconque, car, après la répression terrible du dernier mouvement insurectionnel, les pauvres habitants du Thanh-Hoa devaient rester sourds aux excitations de leurs lettrés. Je me préparais donc à m'ennuyer royalement, en compagnie de deux autres officiers qui, d'ailleurs, se fréquentaient peu. La chasse, les courses à cheval étaient peu attrayantes par la chaleur torride; ma seule distraction était la promenade du soir, au bord du fleuve.

Vers cinq heures, je sortis de la citadelle et gagnai un bois sacré, entourant une pagode bâtie entre la route et la berge. Assis au pied d'un banian, je regardais, sur le fleuve, quelque sampan (1) ou quelque long train de bois, descendant vers Thanh-Hoa, ou bien deux ou trois barques de pêcheurs se maintenant au milieu du fleuve, l'une portant le grand filet rectangulaire au bout d'une perche, les autres venant rapidement à sa rencontre, leurs sampaniers faisant le plus de bruit possible avec des baguettes de bambou, pour chasser le poisson devant eux...

J'étais bien loin alors de penser au Laos et aux lointaines expéditions, lorsque mon capitaine me passa un billet qu'il venait de recevoir. Sa compagnie montait à Phu-Lé pour relever la garnison qui s'y trouvait et que la fièvre des bois, jointe aux privations, venait de mettre presque hors de service.

Nous allions donc pénétrer dans ce pays muong entièrement inconnu pour moi; nous allions atteindre aux confins du Laos, parcourir dans une expédition des endroits où peut-être jamais un Européen n'avait mis le pied, nous trouver au milieu de populations primitives, être appelés à nous battre contre les bandes chinoises qui infestaient le pays; nous allions voir enfin, dans nos reconnaissances, autre chose que les régions succédant aux régions, les villages entourés de bambous, se suivant, eux aussi, toujours uniformes, avec leur même chien hargneux, leur même population grouillante, leurs notables, tous semblables, venant nous offrir à la porte, toujours sur le même plateau, le même lay (présent composé du même poulet étique, du même régime de bananes et des mêmes œufs, couvés depuis un nombre respectable de jours)!

A cette époque surtout, je n'avais pas encore bien compris tout ce qu'il y a de charmant dans cette vie annamite, tout l'intérêt que l'on peut trouver à étudier ces mœurs si douces. Il me fallait du mouvement; ce départ me comblait de joie. Sans doute, les condi-

(1) Le sampan, qui a quelque analogie avec la pirogue, est l'embarcation ordinairement usitée en Extrême-Orient.

tions de la vie allaient devenir plus dures; je me doutais bien que dans la case tremblant à tous les vents et laissant pénétrer la pluie et les rayons du soleil, qui m'attendait là-bas, je regretterais plus d'une fois ma pagode de Phu-Quang, au sol carrelé recouvert de nattes, aux colonnes de bois, aux murs remplis de peintures annamites, aux panneaux sculptés, auxquels j'accrochais en panoplie mes sabres, mon revolver et mon Lefaucheux. Je savais bien que si à Phu-Quang on manquait de cette glace que les sybarites d'Hanoï déclarent nécessaire à la vie, là-haut, à Phu-Lé, on manquerait souvent de viande fraîche, quelquefois de vin, même aigre, de farine, même moisie. Mais qu'était-ce que la perspective de ces souffrances auprès de la joie que me causait l'inconnu?

II

Nous devions partir en deux groupes. Le premier peloton se mit en marche le 18 juillet avec le capitaine, et j'attendis à Phu-Quang d'être relevé pour aller le rejoindre avec le reste de la compagnie. Au début de cette courte période, je regrettai tout d'abord le départ de mon capitaine, car il m'avait accueilli avec la plus grande amabilité; mais, en revanche, je redevenais mon chef, pouvais agir un peu à ma fantaisie, le commandant du cercle ne s'occupant d'aucun détail de service...

A la nuit tombante, nous sommes installés dans une pagode sur la rive droite du Song-Ma. Au Tonkin, le crépuscule est court, et bien vite seuls les grands feux allumés par les tirailleurs nous éclairent, jetant leurs lueurs rouges sur les cactus de la haie d'enceinte, sur les piliers de bois de la pagode, faisant scintiller tour à tour les faisceaux de carabines ou, au fond du temple, la laque et l'or du petit autel bouddhiste. Accroupis sur leurs talons, formant cercle auprès des brasiers, les tirailleurs se sèchent de la pluie diluvienne qui nous a tous trempés avant le passage du fleuve. Les coolies, groupés autour de quelques feux ou se faufilant parmi les *linhs* (soldats), présentent à la flamme leurs vieux *cai-cio* grisâtres, tout rapiécés. Sur toutes ces figures bronzées aux pommettes saillantes, aux yeux obliques, on lit la joie d'avoir atteint l'étape, de se sécher, de sentir qu'ils mangeront bientôt le repas mijotant dans les marmites de cuivre.

Des lazzi, des éclats de rire partent à chaque instant; les coolies ont l'air de ne plus songer à la fuite; les tirailleurs, d'avoir oublié Phu-Quang et les familles où, par petits groupes, ils prenaient pension, les cases amies où souvent ils passaient le temps de la sieste, ce Phu-Quang, en un mot, où tout leur rappelait la province de Nam-Dinh. Car ils sont bien plus à plaindre que nous, ces pauvres linhs; pour eux, c'est un exil véritable que le séjour à

Phu-Lé, tandis que l'Européen n'y voit qu'une variante, peu agréable, dans l'éloignement de sa patrie.

Mais la nuit est venue, et pendant que je songe à l'heureuse insouciance de ces gens que l'on arrache à leurs villages, à leurs familles, et que l'on force à mourir pour un drapeau étranger, mon boy vient me dire : « Mon lieutenant, y en a soupe. » Je suis donc servi. Déjà les tirailleurs ont commencé leur repas. Groupés autour des marmites, chacun tient d'une main la coupe remplie de riz chaud et fumant, et de l'autre main les baguettes de bois qui servent à prendre les petits morceaux de poulet, de porc et de poisson

LE NORD DU TONKIN ET LE PAYS DES MUONGS.

que l'on trempe, avant de les porter à la bouche, dans le *nuocman*, cette saumure de poisson fermentée, indispensable à l'Annamite, si bien que beaucoup de linhs en portent une bouteille dans une musette.

Le dîner fini, on passe un peu d'eau dans les soucoupes et l'on y verse l'infusion de thé vert, sans sucre, que boit l'Annamite du peuple. Les conversations, les rires reprennent alors, et dans les groupes, l'énorme et grossière pipe de bambou passe de main en main. Chaque indigène tire d'une petite pochette ou des plis de sa ceinture une pincée de tabac, la place dans le fourneau de la pipe, et, en approchant une brindille incandescente, il aspire une énorme bouffée de fumée dont il renvoie une partie, en ouvrant la bouche toute grande. Bientôt quelques hommes se lèvent, replacent dans leur musette la *caïbat* (la petite soucoupe qui a servi au repas) et, se roulant dans leurs couvre-pieds, s'étendent sur le sol de la pagode.

Peu d'instants après, on ne voit plus que de rares causeurs à côté des brasiers; les coolies, groupés dans un coin sous la garde des factionnaires, dorment tous, brisés de fatigue; en face, de

UN VILLAGE MUONG.

l'autre côté du fleuve, les chiens du village de Cam-Tui finissent par se lasser d'aboyer après nos feux; je me glisse alors sous ma moustiquaire et, m'étendant sur mon lit de campagne, je m'endors.

Le lendemain, avant cinq heures, le clairon sonne le réveil. Il fait encore nuit, mais, au loin, une ligne blanchâtre apparaît, augmente peu à peu; bientôt les collines de la rive gauche détachent leur silhouette sur un fond de ciel moins sombre. C'est l'aurore, et lorsque les chevaux sont sellés, les coolies réunis deux à deux et placés à leur charge, les faisceaux rompus, et que mes sergents et moi avons avalé notre quart de café, il ne reste plus qu'à se mettre en route; on y voit assez pour marcher.

Jusqu'à huit heures, nous suivons les digues de rivière. Ma petite troupe, en file indienne, se déroule dans la plaine comme un long serpent, et de loin, les sergents et moi, avec nos casques, nos uniformes de toile, nous semblons de gros points blancs, au milieu de cette foule de points noirs, qui se suivent en zigzag. La route bientôt grimpe à flanc de coteau; nous sommes au milieu des hautes herbes, lorsqu'à un coude de la vallée j'aperçois deux énormes rochers, se dressant au milieu de la plaine, rochers semblables à ceux de la baie d'Halong et que, comme ces derniers, la mer a jadis rongés à leur base. Au pied des rocs, sur les bords du fleuve, se dessinent les cases de Cho-Cot, gros marché où se font les échanges entre les Annamites et les Muongs.

Mais un torrent grossi par l'orage de la veille nous barre la route. En le remontant, pour chercher un point resserré, où il me soit facile de faire construire un pont, je tombe sur un amas de sept ou huit grandes cases élevées au-dessus du sol. C'est le premier village muong. L'attitude digne du chef de village, qui vient au-devant de moi, l'air rassuré des habitants, contrastent et avec l'obséquiosité et avec le tremblement craintif que l'on rencontre en pareil cas chez les Annamites.

Les habitations, dont le plancher en lattes de bambou repose sur de gros piliers de bois, à deux ou trois mètres de hauteur, diffèrent complètement aussi des petites Cài-nha de la plaine, au sol de terre battue, propres sans doute, mais étroites et mal aérées. Je gravis une des échelles qui donnent accès par chaque extrémité dans l'habitation du chef. On met le pied sur une plate-forme abritée par le toit en saillie. Une porte s'ouvre, j'entre, et me voilà dans une immense pièce longue de vingt-cinq mètres, large de huit environ. C'est toute la case; pas une seule cloison, pas de compartiments. Je me trompe; sur une des faces, une petite chambre forme tambour intérieurement. Là, couche la femme du chef. A moins de bien vous connaître, les Muongs n'aiment pas vous voir pénétrer dans ce petit sanctuaire. C'est là encore que se trouvent les étoffes de soie, les métiers rustiques avec lesquels on tisse et on brode ces jolies ceintures aux dessins si variés, aux couleurs si voyantes. Les armes aussi, les longs fusils à mèche aux garnitures d'argent et à la crosse minuscule plaquée d'ivoire; les arbalètes aux flèches empoisonnées; les sabres et les lances sont là, enfin, à l'abri des regards indiscrets. A chaque bout de la case, près de la porte, se trouvent les foyers en briques. Au-dessus, une immense claie, sur laquelle on place les marmites, des plats de cuivre et autres ustensiles de ménage. Les feuilles de latanier et les bambous du toit, les grandes claies suspendues au plafond, et portant les provisions de riz, de maïs, les paniers remplis de cocons, de chanvre, tout cela est noirci par la fumée et comme recouvert d'un vernis noir et brillant. Mais la case est si vaste, si bien aérée, que jamais on ne s'y trouve incommodé.

Sauf par leur costume, les femmes que je voyais ne m'avaient rien offert de bien extraordinaire, lorsque le chef de village, qui s'était humanisé en buvant un verre d'absinthe offert par mon boy, permit à la sienne de sortir de sa cachette. Celle-là n'avait rien de la femme annamite; c'était bien le type pur que je devais rencontrer plus haut et que l'on m'avait tant vanté De taille moyenne, bien prise, la démarche aisée, elle eût semblé une reine au milieu de ces horribles Con-gáis du Delta, de ces petites boulottes, à l'allure déhanchée, dont quelquefois des Français font l'éloge, quand en eux s'est atrophié le sens du laid et du beau. Le teint blanc, les yeux grands et noirs, les traits fins et jolis, les dents blanches et non laquées en noir, comme les Annamites, la beauté de cette Muong était encore rehaussée par un costume autrement gracieux que le long cái-áo des femmes de la plaine. C'était un corsage ne laissant à découvert que le cou; une pièce d'étoffe de soie rayée de plusieurs couleurs, formant jupon en s'enroulant autour de la taille, et, réunissant les deux, une longue ceinture de soie brodée, autour des reins. La coiffure, fort curieuse, se compose d'une pièce d'étoffe qui couvre le sommet de la tête, s'attache derrière la nuque et fait que, de loin, dans les champs, les femmes muongs ont l'aspect de paysannes transtévérines. Chez celles travaillant la terre, la soie est naturellement remplacée par le coton, mais la forme est la même toujours. De longues pièces de toile blanche, brodées par elles de dessins bleus, sont souvent employées chez les pauvres, pour ceindre leur taille.

Je venais de pénétrer chez eux à peine. Je n'étais qu'à leur premier village. Nous avançâmes. Au delà de Cho-cot, et jusqu'au poste français de Lê-Han, le pays devenait presque désert. La route, assez bonne, ne passait qu'à côté de villages brûlés, de rizières abandonnées et envahies par les hautes herbes; à peine, de loin en loin, apercevait-on un habitant, dans ces plaines où la population grouillait autrefois. A partir de Tat-Lam, petit village muong, qui se reconstruisait alors sur la rive droite du Song-Ma, la vallée devient plus étroite; des collines boisées enserrent le fleuve, et, grimpant sur le plateau, la route entre en forêt. Nous suivons une large coupure de dix à douze mètres, pratiquée par ordre du Kaï-Mao (chef muong descendu des montagnes avec de nombreux partisans et ayant aussi à sa solde des pillards chinois, pour le passage des bandes). Au milieu de l'herbe épaisse et courte serpente le sentier battu, et n'étaient le bambou s'entremêlant aux autres arbres et les cris étranges des oiseaux retentissant dans les profondeurs du bois, je pourrais me croire au milieu d'une de nos forêts d'Europe, suivant un de ces larges chemins percés pour l'exploitation des bois. Ce n'est pas encore la forêt vierge, bien loin de là. A chaque instant, on rencontre des amorces de sentiers, puis à Dien-Leu, on retombe dans la plaine cultivée.

Dien-Leu a été occupé par un poste français, alors tête de ligne sur le Song-Ma. Attaqué jour et nuit, n'ayant plus de vivre, presque plus de munitions, le lieutenant qui le commandait dut brûler tout ce qu'il ne put emporter et se retirer sur Phu-Quang, en combattant. C'est encore à Dien-Leu qu'un capitaine d'infanterie de marine, allant recevoir la soumission du Kaï-Mao, tomba dans une embuscade et y périt avec dix-sept tirailleurs.

Mais Dien-Leu pourrait bien être célèbre aussi par ses moustiques. Jamais, pendant mes quatre ans de Tonkin, en aucun endroit je n'ai vu la dixième partie de ces féroces insectes; à une heure du matin, je n'avais pas fermé l'œil et j'entendais mes boys se rouler en grognant dans leurs couvertures. A l'autre bout de la case, la bougie des sergents s'allumait à chaque instant; chez les tirailleurs, personne non plus ne dormait. Je pris le parti de me mettre en route, à la lueur des torches; ce serait autant de gagné pour le lendemain, et cela nous permettrait d'arriver à La-Han avant la grande chaleur. Éclairés par des torches formées de longues lattes de bambous secs réunies entre elles, nous nous engageâmes au milieu de la forêt. La route continuait à être large et commode, les ponts avaient été réparés la veille; nous avancions rapidement. Devant mon cheval, deux tirailleurs portant des torches en avivaient de temps à autre la flamme, en les frôlant contre les broussailles. Des nuées d'étincelles couraient alors dans l'herbe, et la voûte sombre des arbres s'éclairait soudain. Me retournant sur ma selle, je regardais cette longue file d'hommes qui venait derrière moi, éclairée de droite et de gauche par ces feux vacillants. Quelquefois des craquements se faisaient entendre sous bois. C'était quelque chevreuil s'enfuyant épouvanté.

Deux heures après mon départ, les premières lueurs du jour parurent, et, à sept heures, je passai le Song-Ma et entrai à La-Han. Sur un grand mamelon dénudé, à cinq cents mètres du fleuve, de petites cases à véranda, légèrement élevées au-dessus du sol et disposées en lignes perpendiculaires; autour, pas un brin d'herbe; derrière, un terrain bien battu, planté d'aréquiers, cet arbre au tronc vertical surmonté d'un panache de feuilles vertes; entourant le tout, une vaste palissade de bambous, renforcée à la base par une tranchée-abri : tel est le poste de La-Han. Vis-à-vis de la porte d'enceinte, se dressent quelques caï-nha annamites qu'on est surpris de trouver en pareil lieu; non loin, les dominant de leur hauteur, deux grandes cases muongs. Des commerçants, venus du bas pays, et qui trafiquent avec nos soldats et les indigènes, puis quelques femmes de tirailleurs tonkinois habitent la première. Le seigneur de la contrée, lorsqu'il vient à La-Han, occupe la seconde avec ses serviteurs.

Tout le pays muong est, en effet, sous le régime féodal. De grandes familles se partagent le sol; les autres habitants ne pos-

MUONGS DE PHU-LÉ.

sèdent rien; leurs récoltes, leurs bestiaux, leur temps, leur vie, tout appartient au maître. Ces propriétaires terriens, en même temps chefs militaires, ont entre eux des liens de vassalité, et, dans chaque famille, l'autorité absolue est exercée par l'aîné; elle est héréditaire.

Lorsqu'en 1874, la révolte musulmane du Yunnan fut définitivement écrasée, de fortes bandes rebelles se répandirent dans les hautes vallées de la rivière Noire, du Song-Ma et de leurs affluents;

cette invasion ruina bien des seigneurs muongs et modifia leurs rapports mutuels. Enfin l'invasion française, venue du Sud, celle-là, abaissa ou même écrasa complètement quelques chefs, éleva, au contraire, ceux qui surent nous rendre service. Bâ-Maï, le seigneur de Co-Lung, auquel appartenait le territoire de La-Han, était un de ces derniers. Beau-frère du Kaï-Mao, le chef rebelle dont nous avons parlé, Bâ-Maï opéra longtemps avec lui, et plus d'une fois, ils battirent soit leurs voisins, soit les troupes annamites envoyées contre eux par les mandarins, soit même les bandes chinoises qui essayaient d'envahir leur territoire. Mais une scission advint. Pour se venger, le Kaï-Mao fit saisir le fils de Bâ-Maï et le lui renvoya quelques jours après, coupé en morceaux. Une haine terrible éclata entre les deux hommes. Le Kaï-Mao était alors en lutte avec nous; Bâ-Maï n'hésita pas, fit défection, et vint se mettre à nos ordres avec ses soldats robustes, agiles, excellents tireurs, connaissant admirablement tous les sentiers de la montagne.

III

De La-Han à Phu-Lé, la distance n'est que de quarante-cinq kilomètres; mais, à cette époque, la route était si mauvaise que l'on mettait, en général, deux jours et demi à la parcourir. Je payai et renvoyai mes affreux coolies anamites, et Bâ-Maï me fournit de vigoureux montagnards commandés par un de ses soldats; un autre nous servait de guide.

Quelle différence entre ces coolies muongs et les malheureux de la plaine! Leur chef les a commandés; ils vont d'eux-mêmes au rendez-vous, et, à l'heure dite, votre troupe de coolies pénètre dans le poste. Ils ont eu soin de se munir tous de bambous pour soulever les charges, de liens pour les attacher; chacun porte en sautoir, dans une pochette, des vivres pour deux jours, et, passée dans la ceinture, la longue lame prise dans une gaine de bois, le coupe-coupe tranchant dont le Muong ne se sépare jamais et avec lequel il abat des arbres en un clin d'œil. Notez que ce coolie qui ne nécessite aucune surveillance, dont on n'a jamais à s'occuper, n'est pas payé un centime. Le seigneur met de bonne grâce ses hommes à votre disposition; les hommes obéissent, et c'est tout. Que sur la route surgisse un obstacle, qu'il y ait, soit à le faire disparaître, soit à le tourner en pratiquant à côté un chemin, qu'il faille réparer ou construire un pont, vite ces coolies ont posé leurs charges et, le coupe-coupe à la main, se portent rapidement en avant. La forêt retentit des coups précipités de ces sapeurs improvisés, et, au bout d'un instant, la colonne peut se remettre en marche.

Qu'il n'y ait pas de village à proximité, qu'après une longue marche on s'arrête au milieu de la forêt pour y passer la nuit, vous voyez les tirailleurs épuisés se laisser tomber à terre, sans force, sans énergie. Les Muongs, qui ont porté des poids énormes, se répandent aussitôt dans les environs. Ils vont au bois, à l'eau, et, sur l'emplacement qu'on leur désigne, ils construisent immédiatement deux abris, un pour l'officier, un pour les sergents français. Les montants, le toit recouvert de feuilles de bananier, les cloisons en branchages serrés entre des lattes de bambou, le lit de camp, tout cela a l'air de surgir de terre, et vous êtes stupéfait, au bout de vingt-cinq minutes, de pouvoir entrer dans une case qui vous abrite de la pluie, du vent, et vous offre un couchage confortable élevé au-dessus du sol.

Je quittai La-Han. Le guide, la ceinture de cartouches au milieu des reins, le remington posé horizontalement sur l'épaule, marchait d'un bon pas, précédant l'escouade d'avant-garde. Il était cinq heures et demie du matin; devant nous se dressaient de hautes collines avec leurs grands bois, et les premiers rayons de soleil faisaient briller les gouttes de rosée sur la plaine herbue que nous traversions. Le sentier suivait un ruisseau venu de la montagne, et bientôt, coupant à chaque instant les sinuosités de son cours, nous devions entrer jusqu'à mi-jambes dans son eau claire et froide qui bondissait sur les cailloux. A mesure que nous nous élevons, le chemin se confond de plus en plus avec le lit du ruisseau, qui est alors torrent; bientôt même, tout sentier disparaît, et nous n'avançons plus qu'à travers l'eau et les rocs. Mon cheval, une bête de la plaine, n'a pas la souplesse et la hardiesse des chevaux muongs, qui pourraient rivaliser avec les chamois; je mets pieds à terre et commence à grimper, un long bâton à la main.

Il a plu la veille, mais peu; le torrent n'est pas trop gonflé; à de certains endroits seulement, dans des anfractuosités formant bassin, on a de l'eau jusqu'à la ceinture. Par intervalles, j'entends le choc d'une carabine et d'une baïonnette contre les pierres, un juron annamite, des éclats de rire; je me retourne, c'est un tirailleur qui vient de glisser et de s'asseoir dans l'eau. La forêt est tellement impénétrable, tellement enchevêtrée de lianes, qu'il ne faut pas songer à y pratiquer un passage; on continue donc à monter par le torrent; au-dessus de moi, le guide, comme une chèvre, saute de roche en roche, puis aux passages difficiles s'arrête et m'attend pour me donner la main.

Enfin on quitte le torrent. Entre les grands arbres, plus de fougères arborescentes; la pluie, les orages ont balayé la terre, et les racines, mises à nu, forment comme les marches irrégulières d'un immense escalier. Du sommet ou je m'arrête un bon moment, car depuis deux heures nous grimpons, on aperçoit un enchevêtrement de croupes boisées; à nos pieds, la plaine de La-Han et sur l'autre versant, la vallée du Song-Mâ, auquel la montagne que nous venons de gravir imprime un grand détour. Me voyant contempler ce spectacle, le guide étend sa main vers les terres de son maître : « Bâ-Maï », dit-il; puis, se retournant vers le nord, il embrasse d'un geste tout l'horizon : « Bâ-Tho », prononce-t-il avec respect. Nous entrons, en effet, sur les terres de Bâ-Tho, gros sei-

LINHS DE BA-MAÏ.

gneur dont le fief s'étend jusqu'aux Seize Chans de la rivière Noire, jusqu'aux montagnes qu'habitent les Méos et qui nous séparent du Méi-Kong.

*
* *

C'est au-dessus du rapide de Lang-Héou, premier obstacle sérieux rencontré par les sampans sur le Song-Ma, que, le lendemain matin, je franchis le fleuve, pour la première fois depuis mon départ de

Phu-Quang. Deux pirogues creusées dans des troncs d'arbres et

FEMME ANNAMITE DU HIEP-QUAN, HABILLÉE A LA MODE MUONG.

manœuvrées chacune par deux Muongs armés d'une courte pagaie, m'attendaient au passage; sur chaque rive, de petits bancs de sable permettaient un atterrissage facile, et, malgré la rapidité du courant, malgré le peu de stabilité des embarcations, que j'avais fait border de longs bambous pour diminuer leurs oscillations, tout marcha bien.

Enfin nous approchons de Phu-Lé. Les tirailleurs hâtent le pas; on sent qu'ils désirent contempler leur nouvelle résidence. Au sommet de chaque colline, j'ai beau me dresser sur mes étriers, je ne vois rien devant moi que d'autres collines boisées; puis, tout à coup, à un détour du chemin, apparaît un mamelon pelé; sur la croupe une palissade de bambous enserrant deux rangées de cases et entre elles un mât surmonté du drapeau tricolore. Au pied du mamelon, dans une petite vallée, quatre cases muongs et quelques hectares de rizières. Voilà Phu-Lé, voilà notre séjour pour des mois et des mois. Les Annamites ont l'air navrés. Mon boy me regarde en hochant la tête : *Khong-co tot!* (pas beau!) murmure-t-il, et je ris de la mine désolée du pauvre diable, tandis que, derrière moi, un sergent, un naturel de Belleville, s'écrie : « Ah! mince! Quel trou! »

Si, vue à distance, notre demeure ne produisait pas un effet enchanteur, la désillusion devait être encore plus grande, une fois l'enceinte franchie. Malgré tout le mal que l'on m'avait dit de cette étonnante installation, jamais je n'aurais supposé une telle vétusté, une telle misère. Fort mal construites, les cases n'avaient reçu depuis longtemps aucune réparation. Celle du capitaine, la mienne, étaient dans un état épouvantable; celle des sous-officiers, prête à s'écrouler, ne tenait que par des prodiges d'équilibre; quant aux logements des tirailleurs, ils penchaient les uns à droite, les autres à gauche, arrêtés momentanément dans leur chute par de nombreux étais. La troupe que nous remplacions, s'attendant à être relevée, ne s'était pas donné beaucoup de peine pour la reconstruction, pas même pour l'entretien de casernements qu'elle allait évacuer.

IV

Lorsque ma compagnie dut détacher définitivement cinquante hommes à La-Han, je fus désigné pour commander ce détachement. Avec quelle joie je fis mes préparatifs de départ! Au delà du Sui-One (1), sur la pente opposée au poste, nous gravissions la nouvelle route; arrivés au sommet, nous nous retournâmes pour voir encore une fois ce mamelon pelé sur lequel venaient de s'écouler cinq mois d'une existence n'ayant rien de paradisiaque. Ah! ce n'était plus alors chez nos tirailleurs la triste mine du jour

(1) Petit affluent de droite du Song-Ma.

de l'arrivée! La figure épanouie, les yeux riants, ils regardaient leurs anciennes cases, les miradors sur lesquels ils avaient monté tant d'heures de faction. Les regrets aux camarades laissés là-bas, les souvenirs tristes à ceux qui, dans le fond de la vallée, dormaient au cimetière, tout cela était dominé par la joie de quitter ce poste où ils avaient tant souffert, et une phrase joyeuse courait sur leurs lèvres : *Phu Lé het ca!* (Fini, Phu-Lé!) Mon bonheur à moi était sans mélange; je ne laissais rien derrière moi, et souhaitant meilleure chance à ceux qui restaient, je piquai des deux et partis joyeusement au galop sur la route de Lang-Ké-Taï.

L'hiver se continuait froid et humide, humide surtout, ressemblant bien plus à l'hiver de la plaine qu'au froid sec de la montagne, que nous commencions à ressentir à Phu-Lé.

Les pluies étaient venues, non ces chaudes ondées de juillet et d'août, mais un petit crachin glacé, pénétrant, une sorte de brouillard épais, qui tombe pendant de longues après-midi, voile le soleil, dont on aperçoit cependant les lueurs blafardes, et détrempe le terrain glaiseux, le transformant en une mare de boue.

Plus que jamais, j'étais seul. Ma mauvaise étoile me refuserait donc toujours un compagnon agréable, dans un poste! A mon retour de la colonne, je n'avais plus retrouvé mon camarade, le sous-lieutenant de la compagnie occupant La-Han avec mon détachement. Très fatigué, anémié et impaludé, il venait de descendre à l'hôpital.

Le service était nul; il me fallait donc prendre ma situation avec philosophie, chercher quelque occupation; mais que faire, pendant ces journées d'hiver, qui rappellent nos vilains jours d'octobre? A l'abri, sous la véranda de ma case, jolie construction toute neuve, qui s'élevait à un angle du camp, je m'étendais sur ma chaise longue, lisais et relisais quelque volume, ou bien encore dévorais, depuis le « premier Paris » jusqu'au dernier « fait divers », les journaux apportés par un courrier récent. Tout est voilé. Les hautes collines de la rive gauche s'estompent à peine; un long brouillard s'étend, au sud, sur la plaine et, à l'ouest, sur les montagnes que je viens de parcourir pendant dix-huit jours. Devant moi la cour est toujours unie et déserte. L'eau ruisselle des paillotes, les aréquiers semblent se lamenter : nul mouvement; seul, le peloton de punition pivote, au milieu de la boue, sous la surveillance d'un sergent indigène.

Tous les trois ou quatre jours, une longue et maigre silhouette apparaît au loin : c'est le capitaine, commandant le poste, qui, vêtu d'un ulster gris et tremblant la fièvre, se hasarde hors de chez lui. S'il pleut trop fort, les tirailleurs, dans les cases, assistent à la théorie; si le temps le permet, ils travaillent aux abatis dont on entoure le poste; car nous nous fortifions comme si un corps d'armée allemand allait nous attaquer. Vers cinq heures, les hommes rentrent de la corvée, le coupe-coupe à la main ou la pioche sur l'épaule.

Derrière les baraques on entend deux ou trois commandements, les notes aigres d'un clairon enroué sonnant une marche : c'est la garde qui défile, et bientôt les sentinelles de nuit sont placées autour du camp. Les cases se vident peu à peu. Par groupes, les tirailleurs se rendent au village et vont prendre leur repas; quelques-uns s'installent sous les vérandas et mangent le dîner, que les femmes apportent sur de larges plateaux surchargés de soucoupes remplies de poisson, de cochon, de poulet coupé menu, ou de pyramides blanches de riz. Pour moi, j'interromps ma lecture, je chausse de gros sabots remplis de paille, j'endosse ma pèlerine, dont je rabats le capuchon, et, traversant la cour, j'arrive à la cuisine. Mon cuisinier, un petit tirailleur de 1re classe, écoute avec la plus grande attention tout ce que j'essaye de lui expliquer; il cherche à pénétrer les secrets du grand art, dont j'ai puisé moi-même les principes dans la *Cuisinière bourgeoise,* ce manuel que l'on est appelé à consulter plus souvent que le service des places, dans les postes du Tonkin.

Souvent je vois arriver Bâ-Maï, dont les visites sont toujours une distraction. Nous sommes devenus grands amis, depuis la colonne faite le mois précédent, et Dioc, mon petit boy, nous sert d'interprète, au cours de longs entretiens. Je fais raconter au chef muong ses expéditions; je le questionne sur le Kaï-Mao, sur les Chinois, sur les Annamites qu'il a combattus. En ce qui nous concerne, nous autres Français, je m'aperçois vite que Bâ-Maï nous craint plus qu'il ne nous aime; comme tous les montagnards, s'il s'accommode facilement de notre domination, c'est que nous sommes les plus forts, et, surtout, les plus débonnaires des ennemis.

Parfois, je me rendais au village, et, assis dans la case du chef de canton, je passais avec Bâ-Maï des après-midi entières. Habitués à me voir, les enfants n'interrompaient pas leurs jeux; les femmes, dans la case, continuaient à se livrer aux soins du ménage, tissant le lin ou la soie, confectionnant des habits, cousant des couvertures, ou bien, au dehors, dans des auges de bois, pilant le riz, qu'une fois décortiqué, elles feront cuire à la vapeur dans des tubes de bambou, placés au-dessus des marmites d'eau bouillante. Souvent, j'enviai le bonheur de ces gens, leur vie paisible, l'harmonie touchante qui règne entre eux.

Deux familles alliées habitaient la case du chef de canton; le bâtiment voisin était occupé par trois ménages vivant dans la plus parfaite amitié. Le matin, dès le jour, les hommes partaient aux champs, avec leurs buffles, sur le dos desquels étaient placées la charrue ou la herse légère en bois et en bambou. Vers onze heures, ils rentraient à la case, déjeunaient, puis restaient longtemps à causer. Souvent l'un d'eux prenait la mandoline au manche allongé, à la boîte recouverte d'une peau tendue, et, sous ses doigts, faisant vibrer les cordes, en tirait des airs lents et plaintifs. Assis en cercle, devant les petites tables basses qui venaient de servir au repas, ses compagnons l'écoutaient en silence, se passant de main

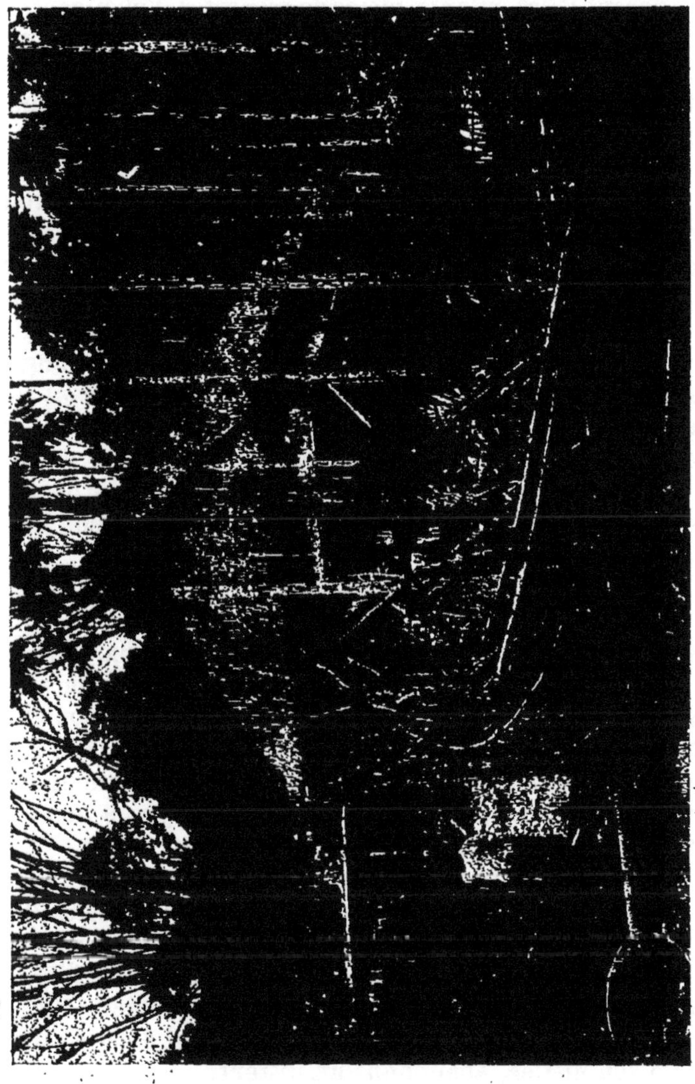

UNE CASE MUONG.

en main la grossière pipe de bambou à moitié remplie d'eau. Vers deux heures, chacun se levait, les uns allant continuer le labour, les autres couper des branches dans la forêt; les femmes, reprenant leurs travaux, jetaient du grain aux poulets, portaient à manger aux cochons et aux truies, qui, suivies de leurs petits, couraient entre les cases; ou bien, elles accompagnaient les hommes aux champs, ou enfin, allaient, non loin de là, chercher les charges de bois sec qui devaient entretenir le feu. Parfois, et sans que personne y trouvât à redire, les hommes prenaient leur filet ou leur arbalète, et, isolément, se rendaient à la pêche ou à la chasse, remettant au lendemain le labeur commencé. Jamais une discussion, jamais l'ombre d'un dissentiment, au milieu de cette existence heuheuse. Adorant leurs enfants, pleins de respect et d'obéissance pour leurs vieux parents, ces braves montagnards vivent sans la crainte du lendemain, sans souci de l'avenir. La fraternité la plus complète les unit. Faut-il bâtir une maison, tout le village contribue à la construire, et, une fois terminée, un repas un peu plus copieux que de coutume est l'unique salaire offert aux aides généreux. En cas de disette, les riches aident les pauvres, et, si tous se trouvent réduits à la même misère, les réserves de riz et de maïs du seigneur sont employées jusqu'à épuisement complet. Ces instincts de confraternité, d'accord pour la vie, semblent innés, jusque chez les enfants.

Jamais il ne m'arriva de donner à un de ces adorables moutards, qui courent tout nus dans les cases, une friandise quelconque, ou simplement un morceau de pain, de ce pain qu'ils dévorent comme du gâteau, sans qu'immédiatement il ne cherchât un petit camarade pour partager avec lui. Ah! certes, nos doctrines du *struggle for life* n'ont pas encore pénétré au pays muong, et je me demandais quelle somme de bonheur leur apporterait notre civilisation raffinée.

*
* *

Par une de ces journées passées avec mes nouveaux amis, je vis entrer, dans la case du chef de canton, deux hommes, suivis d'un jeune garçon portant un plateau chargé de bétel, de boulettes de riz cuit, roulées dans des feuilles, et de poisson de rivière. Ils présentèrent ce *lay* au chef de canton et causèrent longuement avec ce dernier. « Ce sont, me dit Dioc, les parents d'un jeune homme qui viennent pour lui demander en mariage sa fille.

« Une fois déjà ils se sont présentés, n'apportant que l'arec et les feuilles de bétel enduites de chaux; mais, en ce moment, ils font leurs ouvertures. »

En effet, après leur départ, le vieux notable appela sa fille, et lui fit part de la demande dont elle venait d'être l'objet. Celle-ci ne prononça que quelques paroles d'acquiescement à cette union, et retourna à son métier, abandonné un instant.

Fort intéressé par ces préliminaires, je me promis de suivre dans leurs détails toutes les démarches exigées par la coutume, et recommandai bien à mon boy de m'en avertir. Deux jours après, les parents du jeune homme, me dit-il, sont revenus, ils ont apporté un nouveau lay, des poulets et des œufs, et le chef de canton demande 25 piastres (100 francs) pour donner sa fille en mariage. Je lui ai dit que vous désiriez assister au repas. Cela ne l'a nullement effrayé :

il en sera au contraire très heureux. Au jour solennel, qui ne tarda guère, lorsque j'entrai dans la case, le futur, ayant cette fois suivi ses parents, venait d'arriver. C'était un vigoureux garçon de vingt-deux à vingt-trois ans, coiffé d'un turban tout neuf, avec des anneaux d'argent autour des poignets. Ses parents, et l'ami qui, dans les visites antérieures, accompagna le père, avaient également revêtu leurs habits les plus neufs.

La jeune fille était assise à côté de son futur époux; tous deux devaient manger à la même table, boire avec des chalumeaux l'eau-de-vie dans la même jarre. L'ami qui avait entamé les pourparlers partagea en deux un poulet et un œuf cuits à l'eau, les offrit, une moitié à chacun des jeunes époux, leur souhaita toutes sortes de félicités, puis le repas commença. Assis autour de petites tables rondes, hautes de cinquante centimètres environ, les deux familles, les hommes d'un côté, les femmes de l'autre, mangeaient le poulet, le cochon, les œufs, le poisson, la salade, en buvant le thé et l'eau-de-vie de riz.

Le père du futur était un notable de Co-Lung, comme celui de la future, un notable de La-Han; le mariage avait lieu ici entre gens de même condition. Les filles de notables néanmoins s'allient souvent à des gens du peuple; mais les filles nobles, qui ne sont astreintes à aucune corvée, à aucun travail grossier, choisissent rarement pour époux un notable ou un simple montagnard. En ce cas, elles perdent tous leurs privilèges, et, pour indemniser leur famille de la faible somme donnée par le futur, elles doivent payer une amende considérable. Dans le mariage auquel j'assistais, la fille apportait en dot plusieurs ceintures de soie, son collier d'argent, une couverture brodée de gros dessins bleus et une grande moustiquaire noire.

Avant de se retirer, les deux jeunes époux se levèrent, vinrent se prosterner par trois fois devant le chef de canton et sa femme, me firent leurs *lays* (car lay signifie marque de respect, salutations, et c'est par extension que l'on désigne ainsi tout cadeau accompagnant une démarche polie); puis les deux familles se dirigèrent vers Co-Lung, où, le soir, avant la séparation des parents, devait avoir lieu un second repas.

***

Peu de temps après, dans la case avoisinant celle du chef de canton, un vieillard de soixante ans vint à mourir. Quelques hommes du village se rendirent dans la forêt, coupèrent un gros chêne, et prirent, dans la partie la plus forte du tronc, un cylindre de deux mètres de longueur. Ce cylindre une fois fendu en deux selon son diamètre, les deux parties furent creusées intérieurement et traînées jusqu'à la maison du mort. Là, on les dépouilla de leur écorce, et le cercueil terminé fut monté dans la case. Étendu sur des nattes neuves qui devaient lui servir de linceul, le mort reposait, entouré de ses enfants qui ne cessaient leurs pleurs.

Je ne jetai qu'un coup d'œil rapide sur cette scène, et me retirai. Dioc m'expliqua que la mise en bière allait avoir lieu, que l'on ouvrirait les yeux du mort, pour qu'il pût contempler encore la terre qu'il quittait; qu'on placerait dans sa bouche du sel, du riz et un morceau de canne à sucre, afin qu'il accomplît sans souffrance le voyage jusqu'au pays des âmes.

De longs gémissements retentirent plus fort dans la case. Dioc me dit : « Ils ne le voient plus; ils l'ont enveloppé d'une couverture, et, maintenant, ils placent le couvercle du cercueil. Sur les bords, entre les deux parties du tronc d'arbre, ils vont étendre un vernis rouge et gluant, puis ils serreront fortement avec de grosses cordes. » Deux jours après, le cercueil était encore dans la maison, entouré de tentures; à la tête, on voyait des soucoupes de riz, de poisson, des baguettes parfumées brûlant sur un petit autel. Les parents avaient tous revêtu le deuil, c'est-à-dire les effets blancs, et, à chaque repas, les mets, avant d'être touchés, étaient pendant un quart d'heure placés devant le mort.

Je m'étonnai, au bout de quelque temps, de ne pas voir porter le cercueil en terre. Dioc m'expliqua ce retard. « Les parents, me dit-il, sont pauvres; ils veulent tuer trois buffles, pour le jour des obsèques, des buffles, qui doivent être donnés aux amis ayant aidé dans les funérailles. Or, leurs buffles abattus, ils ne pourraient cultiver leurs champs; ils attendent d'avoir l'argent nécessaire pour en acheter d'autres. »

Quelques jours plus tard, les fils du défunt descendaient le Song-Mâ, sur des radeaux de bambous, qu'ils allaient vendre au marché de Cho-Cot à des trafiquants annamites. Deux fois ils se livrèrent à ce commerce, mais la somme recueillie n'était pas suffisante encore. Ce cercueil, laissé ainsi en suspens, dans une case voisine de celle où je passais une partie de mon temps, m'attristait; j'achetai donc à la famille du mort quelques ceintures de soie, les payant le double de leur valeur. La cérémonie eut lieu bientôt. Le cortège partit, se dirigeant vers le pied d'une grande colline boisée, au delà de l'arroyo de Co-Lung.

De même que les cérémonies antérieures, l'enterrement chez les Muongs est plus simple que chez les Annamites, il se fait sans déploiement de bannières, sans accompagnement de gongs et de tam-tam, dont les coups, sourds et répétés à intervalle, rappellent un peu les roulements de nos tambours voilés, dans les convois funèbres. Le cercueil, porté par huit hommes et suivi des amis, des parents, des femmes éplorées, s'avançait lentement, au milieu de la campagne. J'attendis le retour, voulant voir le spectacle des parents se coupant les cheveux, avant de rentrer à leur maison. Deux heures après, ils revinrent, se rendant vers le petit ruisseau qui longe la route de Phu-Lé.

Sur le bord du torrent, deux longs roseaux piqués en terre se croisaient à leur partie supérieure. Tous passèrent dessous, en s'inclinant, se courbant ainsi devant ces emblèmes de la fragilité de notre vie, tandis qu'un vieillard, le devin de Co-Lung-Xa, leur

ENTRÉE DU POSTE DE LA-HAN.

jetait, au passage, quelques gouttes de l'eau ayant servi à purifier le riz offert au mort. Après s'être lavés dans le ruisseau, hommes et femmes revinrent à leur case, et là, au pied de l'échelle, leurs longues chevelures dénouées furent coupées et tombèrent sur le sol. Les mauvais Esprits ne trouvaient plus ainsi en leur personne le moindre refuge. Dans l'habitation désertée par le défunt et où jamais son corps, sinon son âme, ne devait reparaître, les pleurs et les gémissements recommencèrent. Le devin les consola, plia lui-même les tentures avec lesquelles on avait entouré et masqué le cercueil; il aspergea le plancher et les cloisons d'eau bénite pour chasser encore une fois les mauvais Esprits, et enfin se retira avec gravité.

Là-bas, dans la forêt, le vieux père dormait maintenant, au pied d'un grand arbre; une petite cabane abritait son tombeau, et jamais, sous peine des plus désolantes calamités, personne aux alentours ne devait couper même un arbuste, de peur de l'irriter, en troublant son paisible sommeil. Mais l'âme du défunt doit parfois revenir, et une place lui est toujours réservée dans la maison.

Dans un angle de la case, protégée par une légère barrière de bambou, se trouve, à trente ou quarante centimètres au-dessus du parquet, une petite tablette sur laquelle on dépose dans des soucoupes du riz, des noix d'arec et des feuilles de bétel, destinés aux mânes des morts qui, de temps à autre, visitent leurs descendants. Chez les chefs, l'autel est plus luxueux, placé vis-à-vis de la porte d'entrée; il est même, comme je l'avais vu chez Bâ-Maï, laqué rouge et noir, orné d'or et d'argent. Devant, se trouve un lit de camp fort bas, recouvert de fines nattes et où personne ne couche; c'est là qu'à de certaines époques on vient se prosterner, implorer l'âme des aïeux, les prier d'être indulgents et favorables aux pauvres humains.

V

La saison des pluies approchait. Les torrents débordés de la montagne allaient interrompre les communications avec Na-Pé, poste que nous occupâmes dans le Cam-Mon et auprès duquel Phu-Lé de sinistre mémoire était un Eldorado. Or, comme j'avais à approvisionner le poste pour trois mois au moins, je résolus de me rendre compte par moi-même de la difficulté des transports, dont mes chefs de convois m'avaient tant parlé. Les eaux étaient encore basses, et je partis un soir sur un grand sampan, n'emmenant avec moi que mon boy, mon cuisinier, un sergent et trois caporaux indigènes choisis dans le détachement.

Toute la nuit, nous avançons avec rapidité, réveillés parfois par les secousses de l'embarcation qui talonne sur les bancs de sable. A Dong-Trang, où nous sommes à la pointe du jour, le Nam-Pho a moins d'un mètre de fond; on s'arrête, et on hèle de légers sampans amarrés à des perches piquées dans le sable. Le transbordement a lieu dans trois de ces longues et étroites barques, de la largeur d'un mètre vingt au plus, calant vingt-cinq centimètres et que deux hommes manœuvrent à la perche ou à l'aviron. Sous la paillotte on est fort resserré; Dioc y installe mes nattes, mon matelas cambodgien, et nous continuons à remonter le cours du Nam-Pho.

Bientôt les villages deviennent rares; de vastes espaces incultes s'étendent sur les rives; les mamelons couverts de brousse se rapprochent du fleuve; à peine, de loin en loin, croise-t-on une barque et voit-on sur la berge quelques traces d'habitants. Après le confluent du Song-Côn, les rapides commencent, rapides en miniature, que nous franchissons vite, car nos sampaniers s'accrochent aux branches de la rive, ou bien, si le courant est fort et l'eau peu profonde, ils descendent dans la rivière et poussent leur légère embarcation. Le soir, nous apercevons le premier village muong, situé sur la rive droite. Je passe la nuit dans une de ces grandes cases sur pilotis que je suis heureux de revoir, et, le lendemain matin, vers huit heures, nous arrivons à Ha-Trai, d'où part la route de terre qui franchit le col de Trung-Ma et débouche sur le plateau laotien. Les éléphants, que le capitaine de Na-Pé a eu l'obligeance d'envoyer à ma rencontre, n'arrivent que tard dans la journée. Or, il faut se mettre en marche de bonne heure, si l'on veut coucher au sommet du col, et j'attends jusqu'au lendemain matin pour me mettre en route. Des marchands annamites ont élevé leurs cases sur le bord du fleuve; c'est dans l'une d'elles que je passe tranquillement la nuit.

A six heures du matin, nous sommes prêts à partir. Les éléphants que, dès leur arrivée, le soir, on avait laissés errants dans les environs, venaient d'être rejoints par leurs cornacs, guidés par le bruit du petit tambour de bambou qu'on leur suspend au col, ainsi que la clochette de nos vaches. Les grands pachydermes amenés vis-à-vis de ma case, leur chargement commence, non sans grognements et protestations de leur part. Chacun d'eux porte un grand bât, une sorte de cadre en gros rotin tressé, dont le fond, formé de plusieurs peaux de buffle, adhère au dos de l'animal. Une grande capote, qui ressemble un peu à celle d'un cabriolet, mais faite de bambou finement tressé, protège ce palanquin du soleil et de la pluie. Le devant est ouvert; la partie postérieure fermée par des feuilles de latanier. Je fais placer là dedans mon matelas cambodgien et mes couvertures; puis l'éléphant, pressé par son cornac qui le crible de coups, finit par s'agenouiller en mugissant; je pose le pied sur sa cuisse, et, saisissant d'une main le bord du palanquin, de l'autre la main du cornac, je me hisse vite sur le cou de la monture, qui se relève aussitôt. Une fois installé, accroupi sur mes couvertures, je me trouve à l'aise; le mouvement imprimé par la marche du pachyderme n'a rien de désagréable, et, à travers un pays boisé, nous avançons rapidement vers le pied des montagnes. Le deuxième éléphant porte ma cantine et le jeune Dioc, qui s'est installé dans le palanquin. Derrière, viennent à pied mes quatre hommes d'escorte, mon cuisinier et deux coolies muongs. Ces Muongs ressemblent aux habitants de la vallée du Song-Ma; le type moï est cependant plus accusé en eux, au détriment du type taïs; dans les villages du haut Nam-Pho, ils sont fortement mélangés d'Annamites.

Nos cornacs, habitants du plateau, sont de purs Laotiens. Malgré leur teint olivâtre, le type indo-européen se reconnaît chez ces Pu-Thaïs; d'ailleurs, par le vêtement, par la coiffure, ils se distinguent des Annamites et des Muongs du versant oriental. Leurs cheveux, coupés en brosse, à la mode siamoise et cambodgienne, sont gardés drus et courts sur le sommet de la tête, rasés derrière et sur les côtés. A l'encontre des Siamois, toujours tête nue, ils portent un petit turban; mais, au lieu du cái-ao annamite fermé sur le côté, ils sont vêtus d'un veston court, passepoilé rouge et ouvert sur le milieu de la poitrine. Le sampot siamois remplace le large pantalon des Chinois, des Annamites et des Muongs; c'est une simple pièce d'étoffe qui prend le tour des reins, tombant au-dessous des genoux, et dont un coin, ramené en avant, passe entre les deux jambes et s'engage sous la ceinture de cuir qui entoure la taille. Une large écharpe jetée sur les épaules complète ce costume.

A cheval sur le cou de l'éléphant, les gros orteils passés dans les boucles d'une corde qui forme étrivière, le cornac tient à la main un bâton court, terminé par un fer à deux branches, semblable à celui d'une gaffe, et dont il appuie l'extrémité pointue sur le crâne du pachyderme, quand il veut presser sa marche. Le Pu-Thaï qui conduit le mien fume d'énormes cigarettes d'un tabac grossier, roulé dans des feuilles arrachées aux arbres. Je lui offre un cigare, puis une goutte de cognac : la glace est rompue, et nous voilà en conversation, bien entendu, par gestes.

Nous franchissons deux fois le Nam-Pho. Les éléphants enfoncent jusqu'aux oreilles; leurs trompes recourbées sortent de l'eau; je regarde, à côté de moi, Dioc et son cornac, qui ont l'air de se trouver sur un flot noir et mouvant. Le chemin devient montueux; vers neuf heures nous arrivons au pied du col; un clair torrent coule au milieu des rochers; nous faisons halte dans une clairière, pour y prendre notre repas; car il va falloir grimper longtemps, avant de trouver une goutte d'eau. En plaine, les éléphants ont marché plus vite que les hommes; aussi mes tirailleurs et mon cuisinier ne rejoignent qu'au bout d'une heure; on déjeune en hâte, et l'on repart, attendu qu'il faut arriver, avant la nuit, au sommet du col. Les rôles maintenant sont intervertis : ce sont les piétons qui, dans la montagne, vont prendre les devants, et deux fois ils pourront se reposer, en attendant qu'arrivent les lourds pachydermes. Le chemin, en effet, est des plus raides; parfois nos éléphants se dressent pour franchir d'énormes marches de rochers, et je me félicite d'avoir laissé mes chevaux à Linh-Cam : ils n'auraient pu passer, en maint endroit, qu'avec des difficultés inouïes.

Parfois, je suis secoué bien rudement dans mon palanquin; les branches raclent la capote; mais, un tronc risque-t-il de la heurter, le cornac, du manche de son pic, frappe un petit coup sec contre l'arbre, l'éléphant, fléchissant les reins à droite ou à gauche, évite

FEMMES DU CAM-MON.

tout accident. De sa trompe, il saisit les branches ou les arbustes qui pourraient me gêner et les brise sans effort.

Pendant quatre heures, nous montons ainsi; l'on ne s'arrête que dans une jolie clairière couverte d'une herbe drue et courte qui semble celle d'une pelouse et qu'arrose un limpide filet d'eau. C'est le faîte de la chaîne. Au-dessous de nous, s'étendent les collines boisées, puis les plaines de l'Annam et la mer, que l'on aperçoit par les temps clairs, car nous sommes à 1,400 mètres d'altitude, et seulement 75 kilomètres, à vol d'oiseau, nous séparent de la côte.

Les Siamois considèrent ce point comme la limite de leur territoire; aussi l'officier qui commande à Cam-Mon avait eu l'audace d'y établir un petit poste et d'y placer une borne-frontière. Le capitaine d'infanterie de marine, chef du poste de Na-Pé, força les Siamois à se replier; je vois encore les restes de la case qu'ils avaient construite, ainsi que leur poteau renversé et à demi calciné.

Le sentier descend dans une vallée dont les eaux coulent vers le Mékong et regrimpe ensuite sur une côte un peu plus élevée que la précédente, quoique située à l'ouest de la ligne de partage des eaux. Des abris en feuillage, avec lits de camp, bancs et tables en bambous, ont été installés là, pour recevoir les escortes de convois. Il est déjà nuit, quand j'arrive, et j'aperçois de loin les feux allumés par mes hommes.

Les éléphants sont déchargés, et s'éloignent à la recherche des jeunes bananiers dont ils sont si friands; nous dînons; de grands feux une fois allumés, on se couche, le sergent et les trois caporaux devant veiller à tour de rôle et entretenir les brasiers.

Le matin, la descente vers le plateau me sembla bien plus pénible que la montée.

Les sentiers longeant les précipices avaient juste la largeur du pied des éléphants, et je me demandais, anxieux, si le mien n'allait pas faire quelque faux pas et rouler à deux ou trois cents mètres de profondeur, au milieu des rochers. Parfois, quand, les deux pattes de devant raidies devant lui, l'animal ramassait son train de derrière, avant de continuer à descendre, je me trouvais comme suspendu au-dessus de l'abîme.

Je me cramponnais aux bords du palanquin; devant moi aussi, le cornac était obligé de s'y retenir. Or, un seul lien en rotin, passé sous la queue de la bête, empêchait ce palanquin de tomber en avant. Quelle chute, s'il venait à se rompre! Le cornac excitait son compagnon, lui piquait violemment le crâne ou les oreilles, quand il faisait un faux pas, et ne cessait de lui talonner le cou.

A un passage plus dangereux que les autres, il s'aperçut de mon air peu rassuré, et, souriant, il me faisait signe de ne rien craindre.

Enfin, nous voici au bas de la côte. On longe un gros ruisseau, et bientôt, sortant de la forêt, on débouche dans une large plaine couverte de hautes herbes et à moitié inondée.

Les éléphants, maintenant, avancent avec rapidité; la charge d'une centaine de kilogrammes, maximum de ce qu'ils peuvent porter dans la montagne, en sus du palanquin et du cornac, ne doit pas leur peser plus qu'une plume. Après avoir laissé sur notre droite deux petits villages, nous gagnons l'ancien poste de Na-Pé, pour y déjeuner. Je quitte ma monture, et, me rappelant les tours de force qu'elle vient d'accomplir, la manière surprenante dont un animal qui semble si massif s'est tiré d'affaire, là où les petits chevaux de montagnes pourraient occasionner des accidents mortels, la façon dont il comprenait les ordres de son cornac, je songe à la prophétie, un peu hasardée, de Leibnitz, disant que, si l'homme disparaissait du globe, c'est l'élephant qui, comme l'être le plus intelligent, prendrait sa place et serait, à son tour, « roi de la création ».

***

C'est à huit kilomètres plus loin, à Na-kaï, que nous nous installâmes dans un ancien dôn (fort en terre) annamite. A quelque distance de Na-kaï se trouvait une grande bonzerie laotienne que je visitai.

Un vaste bâtiment orienté au sud sert d'habitation aux moines; vis-à-vis s'élève le temple, orné de peintures et de dragons sculptés, entouré d'une large véranda que soutiennent des colonnades de bois précieux. D'immenses banians ombragent un terrain bien battu et balayé avec soin. Une mare, sur laquelle flottent de larges feuilles de nénufars, est ombragée par ces arbres.

Le chef de la confrérie, suivi de deux autres prêtres, m'attendait à la porte de la palissade qui clôturait le monastère; lorsque j'eus mis pied à terre, il me pria d'entrer chez lui.

Ces moines, dont la tête est complètement rasée, portent de longues robes grises, et sur l'épaule gauche une large écharpe de soie jaune venant se nouer sur la hanche droite. Beaucoup plus influents en pays laotien que ne le sont les bonzes de l'Annam et de la Chine, ils vivent grassement des dons que les populations viennent leur offrir. Voués au célibat, astreints à des jeûnes et à des règles aussi dures que celles de nos religieux, ils se livrent à la prière, à l'étude des Livres saints, écrits dans le dialecte hindou, le pali, adressent des offrandes à leur Dieu et souvent, autour de leur temple, ils tournent avec lenteur en procession, en répétant le nom vénéré de Bouddha.

Le temple différait bien des pagodes annamites, élevées à tel ou tel Esprit protecteur d'une province, d'une ville, à tel mâne d'une dynastie. J'y remarquai fort une image de la déesse Kouanyn, déesse aux bras multiples, qu'implorent les femmes qui n'ont pas d'enfants. Elle vient aussi en aide au soldat, au marin, au voyageur en péril.

Les moines me quittèrent, car le soleil baissait à l'horizon, et, le chapelet à la main, ils allèrent réciter leurs prières, pendant qu'en face, dans le temple, les enfants, que de riches Laotiens leur confient pour le temps de leur éducation, chantaient tous en chœur.

Des oranges, des bananes, des noix de coco, un superbe chapon me furent offerts par les bonzes, et ils refusèrent quoi que ce soit de ce que je leur fis présenter en retour, ne devant rien manger entre le coucher et le lever du soleil. Jusqu'à minuit, je restai avec le chef du monastère, car, à cette heure-là, tous devaient se lever pour de nouvelles prières.

Il parlait annamite; je pus donc facilement converser avec lui, et il me parut fort monté contre les Siamois, qui venaient de faire décapiter un bonze très influent, un homme que le peuple considérait comme un saint et dont la mort avait plongé les Laotiens dans la consternation.

Le lendemain matin, je remontai sur mon éléphant et quittai ces moines, qui avaient produit sur moi une si vive impression.

***

Trois mois se sont écoulés depuis mon excursion dans le Cam-Mon. Me voici à Hanoï, prêt à rejoindre le haut pays, car je suis affecté à la compagnie d'infanterie de marine qui tient garnison à Yen-Bay.

Frédéric Garcin.

TIRAILLEURS TONKINOIS.

www.ingramcontent.com/pod-product-compliance
Ingram Content Group UK Ltd.
Pitfield, Milton Keynes, MK11 3LW, UK
UKHW022201190726
13855UKWH00004B/1571

9 782013 076715